LOS UNIFORMES AMARILLOS

El rey de Bidlikurri
y el rey de Gunchi
tuvieron una gran discusión.

– ¡Te declaro la guerra! –
amenazó el rey de Bidlikurri.

– ¡Y yo te declaro la guerra a ti! –
gritó el rey de Gunchi.
– ¿Cuándo peleamos?

– ¡El sábado temprano! –
anunció el rey de Bidlikurri.

En Bidlikurri, quinientos soldados
se prepararon para la guerra.
Lustraron sus botas y armas.
Después desfilaron por el pueblo
con sus nuevos uniformes rojos.
– ¡Triunfaremos! –
anunció el rey de Bidlikurri.

En Gunchi, quinientos soldados
vestían sus nuevos uniformes azules.
Marcharon orgullosos por el pueblo,
tocando tambores y trompetas.
– ¡La victoria es nuestra! –
gritó el rey de Gunchi.

La reina de Bidlikurri y
la reina de Gunchi recibieron
la noticia con gran tristeza
porque eran muy buenas amigas.

– Si hay una guerra no podremos
conversar más –
suspiró la reina de Bidlikurri.

– Las guerras son tontas –
agregó la reina de Gunchi.
– Deberían estar prohibidas.

– Ponen a mi marido de mal humor –
dijo la reina de Bidlikurri.

– Le arruinan el uniforme al mío –
agregó la reina de Gunchi.

La reina de Bidlikurri sonrió y dijo,
– ¡Ya sé… uniformes!

– ¿Qué? – le preguntó su amiga.

– ¡Uniformes, uniformes! – repetía
la reina de Bidlikurri, caminando
de un lado al otro. – Vamos a necesitar
mucha tela y la ayuda de las esposas
de los soldados.

– ¿Ayuda para qué? –
preguntó la reina de Gunchi.

La reina de Bidlikurri se acercó
a su amiga, y en secreto
le contó su plan.

Ese mismo día, las dos amigas
fueron de compras a un pueblo lejano,
y regresaron con un camión lleno
de tela amarilla.

A la mañana siguiente,
cada reina le entregó un poco de tela
a las esposas de los soldados
de sus propios pueblos.

Por todo Gunchi y Bidlikurri,
las esposas de los soldados medían,
cortaban y cosían en secreto,
mientras que sus esposos
se preparaban para la guerra.

La noche anterior
a la primera batalla,
la reina de Bidlikurri
salió del castillo,
y fue a los cuartos
donde estaban
los uniformes rojos
colgados en hileras.

Entonces,
sacó un par de
tijeras filosas
que había escondido
en su cabello.

Al mismo tiempo, la reina
de Gunchi se escapó
de su castillo. Pasó por
donde estaban los guardias,
y llegó a los cuartos
donde estaban
los uniformes azules
colgados y listos
para la guerra.

Entonces, sacó
el cuchillo filoso
que traía en el cinturón.

Al día siguiente, los soldados
se vistieron para la batalla.

En el pueblo de Bidlikurri
se oía a los soldados gritando,
– ¡Nuestros uniformes! ¡Miren!
¡Las ratas se han comido nuestros
hermosos uniformes rojos!
¡No podremos ir a la guerra así!

– No se preocupen, aquí tengo
unos uniformes amarillos muy bonitos,
que quizás podrían usar – dijo la reina.

– ¡Uniformes amarillos! – protestó el rey.

– ¡Uniformes amarillos! – se quejaron
los soldados.

– Me parece mejor que ir a la guerra
en ropa interior – respondió la reina
de Bidlikurri.

En el pueblo de Gunchi,
los soldados corrieron a enseñarle
los uniformes al rey.
– ¡Mire qué horror!
¡Las polillas se comieron nuestros
uniformes azules nuevos!
¡Están hechos pedazos! – le dijeron.

– ¡El mío también es un desastre!
¿Qué haremos ahora? – dijo el rey.

– Creo que estos bonitos uniformes
amarillos son la solución – dijo la reina.

– ¡Uniformes amarillos! – protestó el rey.

– ¡Uniformes amarillos! – se quejaron
los soldados.

– Me parece mejor que ir sin nada –
respondió la reina.

El rey de Bidlikurri salió del pueblo
con sus tropas, para ir al campo de batalla.

El rey de Gunchi, también salió del pueblo
con sus tropas, para ir a enfrentar al enemigo.

Dos filas de soldados con uniformes
amarillos bajaron por las montañas
y se juntaron en el campo de batalla.

¿Pero quién era quién?
Nadie sabía porque
todos estaban vestidos iguales.

El rey de Bidlikurri le gritó
al rey de Gunchi,
– ¿Cómo podemos pelear si
todos estamos vestidos iguales?

– ¿De dónde sacaron esos
uniformes amarillos? –
le preguntó el rey de Gunchi.

– Los tenía mi esposa –
respondió el rey de Bidlikurri.
– ¿Y los de ustedes?

– Los tenía la mía –
dijo el rey de Gunchi.

– ¡Ajá! – dijeron los dos.

Pronto los soldados se
cansaron de tratar de pelear
sin saber quién era el enemigo.
Se sentaron juntos a comer, a jugar
y a descansar. Desde lejos,
los uniformes amarillos parecían
un campo de tranquilas flores amarillas.

23

Las reinas de Bidlikurri y Gunchi
los miraban con agrado.

– El amarillo es maravilloso –
dijeron las dos.